保育の質を向上させる園づくり

田澤里喜 著

◎もくじ

1章 保育の質を向上させる園づくり

2章 園の理念を保護者へ（園だよりから）

◎はじめに

この本は2部構成になっています。1章・「保育の質を向上させる園づくり」は、2019年4月〜翌年3月までの1年間、日本教育新聞に連載していた記事を加筆、修正したものです。また、2章・「園の理念を保護者へ（園だよりから）」は、私が園長を務める東一の江幼稚園で毎週発行している「週の予定」の中で書いている、保護者向けの文章の一部をまとめたものです。

今回の書籍化にあたり文章を読み返し、園長として「自分が書いたことを実践できているのか」と問い直しました。正直に言うと、ここに書かれているすべてのことを私ができているとは言えません。でも、「100点満点の園長はいない。だからこそ、目指す姿を明確にし、日々学び続けることが大事」と考えています。本書に書かれている多くは私がめざす園づくりの目標であり、日々の実践の中で意識していることになります。そのいくつかが読者の皆さんの学びのきっかけの一つになったとしたら、うれしいかぎりです。

園長は、スタッフがいるからこそ成り立つ役職です。園長がどんなに素晴らしいことを言っていても、それを実践するメンバーがいなければ何も始まらないのです。だからこそ、この本を出版するにあたり、誰よりも先に、東一の江幼稚園の教職員にお礼を言いたいと思います。いつもありがとう。

なお、「週の予定」は現在、在園児の保護者のみに限定してアプリで配信しています。そのかわりに、東一の江幼稚園のブログに園長の文章を掲載しています。そちらもあわせてご覧ください(http://higashi-ichinoe.blogspot.com)。

田澤里喜

1章 保育の質を向上させる園づくり

生きる力を得る上で重要な「あそび」

近頃、保育の質の向上を巡る議論が活発になってきていると感じています。また、今までの画一的な保育から脱却しようと試行錯誤を繰り返しながら、実践の現場で働いている先生方と話をする機会も増えました。さらに、保育や子どもと関わりのある仕事をしていない人たちが、保育に興味・関心を持ち始めているとも実感しています。

保育の質の向上については、今まで全く考えられていなかったわけではありません。多くの先生方がこれまでも様々な工夫や努力をし、それらが積み重ねられてきたからこそ、今の保育があるのです。

その一方で、質の向上を阻害するような状況などがあった(今もあるのかも)ことも事実です(それについては、別項目で触れることにします)。

さて、私は25年ほど前、東京都町田市にある玉川大学を卒業し、併設されている玉川学園幼稚部(玉川学園は幼稚園から大学まで一つのキャンパス内にあります)に担任教諭として就職しました。当時の園舎は、一つ一つのクラスが独立した円形の建物で、大変ユニークな環境でした（老朽化したので今は新しく建て直されました）。

幼稚部の部長室には、創立者・小原國芳の直筆の掛け軸が飾ってありました。その文言は……「子供は遊戯をしないと馬鹿になる」。

小原は今から約90年前の１９２９年（昭和４年）に玉川学園を創立し、同じ年に幼稚園も設置しました。その小原は、玉川学園設立以前から「全人教育」を提唱していました。

「全人教育」とは、真、善、美、聖、健、富、の六つの価値の創造を目指した教育で、人格の中の調和を大切にするものです。このような「全人教育」を提唱した小原が言う「馬鹿」とはどういう意味か、私はずっと考えています。

そして、今思うのは、小原はこの言葉で、勉強ができる・できないも含めて、人間の生きる力全てに関して言いたかったのではないかということです。つまり、「あそばない子は生きる力を獲得できないぞ」「あそびは人間が生きる力を得る上で、とても大事なんだぞ」ということだと思います。

私が勤務していた当時の幼稚部の教員は、もっと分かりやすく、「あそばない子は、馬鹿になる」と言っていました。この言葉に保育者人生のスタートで出合えて、私は本当に幸運でした。そのくらい大事な言葉です。

今、保育の質の向上に向けて、たくさんの議論が交わされています。その中で、私は原点となるこの言葉を忘れず、大切にしていきたいと思います。

保育者の主体性を大切にする

前項で、私の保育者としての出発点である、玉川学園幼稚部の話を書きました。その幼稚部で様々な人との出会いがあったからこそ、今があると思っています。その中でも、当時の幼稚部長だった脇《わき》悳《のぼる》先生との出会いは、とても大きなものでした。

脇先生には、保育についてはもちろん、人としての大切なことを学びました。そして、今、私自身が園長になり、園長の役割についても多くのことを学ばせてもらったと実感しています。

私が幼稚部に採用されて、すぐの頃だったでしょうか。保育で悩んでいた私に、脇先生は「部長の責任で採用したんだから、何をしても責任はとる。だから、好きなことをしろ」と言ってくれました。自分を信じてくれたことをとてもうれしく感じましたし、責任をとっていただくようなことのないように頑張ろうとも思いました。

保育で大切なことの一つに、子どもの主体性を育むことがあります。それなのに、保育者が上司に信用されず、好きなこともできず、主体的に働けないような環境だったら、その園で子どもの主体性を育むことができるでしょうか。

だからこそ、脇先生は「子どもの主体性を大切にする園であるならば、保育者の主体性も大切にすべき」と考えていたのではないかと思います。

また、脇先生は「仕事はしないと覚えない」ともおっしゃっていました。私は部下を信頼して仕事を任せ、部下は試行錯誤しながらも仕事を覚えていったり、楽しさを感じたりすることが大切という意味だと思いました。

これらの言葉から「園長の役割の一つとして、保育者自身が主体的に考え、行動できる環境づくりが大切。そのためには保育者を信頼し、仕事を任せることが重要」ということを学びました。園長になってからは、そうした環境づくりに取り組み続けています。

さらに脇先生は「園として守る順番がある。1番は子どもだ。2番目は保育者。そして、ずっと離れて保護者だよ」とおっしゃっていました。

保護者との関係は、時として難しいことがあります。しかし、保育者が子どもの最善の利益を考えるのはもちろん、保護者の言いなりになるのではなく、プロとしての自信を持って保護者と関わることはとても重要です。そのためには、上司が保育者を守り抜く勇気を持つことが、とても大切でしょう。

脇先生は、ユーモアあふれる人で、それが、職場の雰囲気にもなっていました。また、保育者を信じてくれたからこそ、全員で園をつくり上げていると感じることもできました。その中で仕事ができた私は、次の世代の保育者にも、そうした経験をさせてあげたいと思っています。

「子ども中心」に向けて、歴史を振り返る

最近、保育実践現場で「大人が『させる』ことを中心とした保育」を「子どもの『したい』を中心にした保育」に変えたいという思いを持つ先生方が少なくないと感じています。とても大切な思いです。

その前に、どうして「大人が『させる』ことを中心とした保育」が多くなってしまったのかを、振り返ってみたいと思います。

１９４８（昭和23）年に幼稚園教育要領の前身となる「保育要領」が、試案として当時の文部省から刊行されました。それから１９５６（昭和31）年に幼稚園教育要領が編集されます。そして、１９６４（昭和39）年に初の改訂が行われました。

しかし、その後、１９８９（平成元）年まで幼稚園教育要領の改訂はありませんでした。保育所保育指針も、同じような期間、改定されていません。

このように、改訂されなかった期間が長かったため、領域が教科的なものに変容し、「大人が『させる』ことを中心とした保育」が浸透してしまったのではないかと推測することができます。

また、改訂がなかった昭和40～60年代は、日本

が大きく変わると同時に、保育の世界も変化した時代でもあります。

一つは、高度経済成長によって「一億総中流」といわれるようになった時期であり、幼稚園の就園率が上昇した時代です。

もう一つは、昭和40年代後半に「団塊ジュニア」と呼ばれる世代が誕生し、子どもが増加した時代でもあります。園数が大きく増えるとともに、1クラス40人以上の幼稚園も少なくなかったと聞きます。

1クラス40人以上で保育をするとなると、「一人ひとりの思いを大切に」というのは難しくなります。そのため「大人が『させる』ことを中心とした保育」にならざるを得なかったのでしょう。

さらに、この時代は「子どもは、大人に言われたことをきちんとできることが美徳」という風潮がありました。そうした時代に設立された園も多く、それが教育方針として残っている所は少なくないと思います。

その後、平成元年改訂の幼稚園教育要領で「環境を通した教育」「5領域」「自発的活動としての遊び」を重視するなど、大きな変革がなされました。その後も何度か改訂が重ねられましたが、その基本方針は変わらずに30年以上経過しました。

一度作り上げたものを変えていくのは、とても大変な作業です。そのため、30年以上経っても「大人が『させる』ことを中心とした保育」が残っている園も多いというのが現状でしょう。

しかし、平成元年改訂から、もう30年以上経過しています。変えてはいけないものもありますが、変わっていく必要もあるでしょう。

新学習指導要領も示す「あそび」の重要性

２０１７（平成29）年に幼稚園教育要領、保育所保育指針、幼保連携型認定こども園教育・保育要領が改訂（定）され、２０１８年4月から全面的に実施されました。この数年間、各園では試行錯誤したり、保育の質を高めるきっかけにしたりと、様々な取り組みがなされたことと思います。

同じタイミングで、小学校学習指導要領も改訂されました（全面実施は２０２０年度）。今回の学習指導要領の改訂内容は、とても大きなことと見ている人が多いようです。その一つに、幼稚園・保育所・認定こども園と小学校の接続があります。

新しい小学校学習指導要領の総則には「幼児期の終わりまでに育ってほしい姿を踏まえた指導を工夫することにより、幼稚園教育要領等に基づく幼児期の教育を通して育まれた資質・能力を踏まえて教育活動を実施し、児童が主体的に自己を発揮しながら学びに向かうことが可能となるようにすること」と、保幼小接続が明記されました。

これは「幼児期の終わりまでに育ってほしい姿」（10の姿）は幼児期だけのものではなく、小学校へと幼児の育ちと学びをつなぐバトンでもあることを示したものです。

総則だけでなく、各教科にも「10の姿」との関連を考慮する趣旨の内容が盛り込まれました。それだけ、幼児教育・保育と小学校教育の接続を意識しているのです。

さらに、総則には「特に、小学校入学当初においては、幼児期において自発的な活動としての遊びを通して育まれてきたことが、各教科等における学習に円滑に接続されるよう、（以下略）」と、小学校学習指導要領に初めて、「遊び」という言葉が入りました。

しかも、ただの遊びではなく、「自発的な活動としての遊び」です。自発的ですから、「これやろうよ！」「こうするのはどう？」と子ども達から発信され、展開するような遊びのことです。

つまり、大人が「〇〇あそび」などと名付けて子どもにさせるようなものではなく、「子どもが自ら出発点となり、あそび込むようなものを通して育まれてきたこと」をキャッチして、小学校生活をスタートさせるということでしょう。

さて、このことを、各園ではどのように考えるでしょうか。前にも書きましたが、「大人が『させる』ことを中心とした保育」を「子どもの『したい』を中心にした保育」に変えていく必要性が、ここからもおわかりいただけるのではないでしょうか。

もちろん、小学校のためだけに保育をしているわけではありません。しかし、教育の本質が「人の言う通りにできる子どもを育てること」ではないのであれば、この学習指導要領の改訂について、保育実践現場でも考えないわけにはいかないのです。

あそび通した経験が意欲につながる

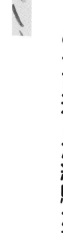

私は大学で、保育者希望の学生だけでなく、小学校の教員免許状の取得を希望する学生にも授業をすることがあります。

その授業では、学生達に必ず一つの質問をします。それは、「子ども達が小学校に入学するまでに身に付けておいてほしい力は、どんなことだと思うか」というものです。少し、意地悪な質問かもしれません。

この質問に対して、必ず「45分間、座っていられる力を身に付けておいてほしい」と答える学生が数人います。その学生達に、私は「子ども達が45分間、座っていられるような授業をしてね」と返します。

その後、もう一つの質問をします。それは「小学校の授業時間である45分間、座っているためには、子ども達にどんな力が必要か」という質問です。

この答えが「忍耐力」だったとしたら「勉強はつまらないものだけど、我慢して座っていないといけない」というメッセージを、子ども達に伝えることにならないでしょうか。そうだとしたら、とても悲しいことです。

勉強とは、新しいことを知り、友達と対話をしたりしながら、自分の考えを深めることができるものです。本来は楽しく、面白いはずです。そして面白いと感じていれば、45分はあっという間に過ぎてしまうでしょう。

つまり45分間座っているためには、忍耐力よりも、いろいろなことを「面白い」「楽しい」と意欲的に感じられる力が必要だということになります。

幼児期にそうした力が一番身に付くのは、やはり「あそび」でしょう。主体的な活動としてのあそびを通して、わくわくするような体験をしたり、疑問を持って調べ、試し、試行錯誤したり、友達とたくさん笑い、楽しく、面白い経験をしたりすることで、勉強を含めた様々なことに前向きに、意欲的に関わるようになるのではないでしょうか。

年長組に進級したとたん、「年長組になったのだから、きちんとしないと、小学校に行ってから困るよ」と伝えるのではなく、楽しいこと、面白いことを自分達で見つけられるようにしてあげましょう。

楽しい、面白いと思うことは、何事においても意欲の第一歩です。そして、その気持ちがあるからこそ、徹底的に取り組もうとするのです。

さて、冒頭の小学校の教員免許状の取得を希望する学生達ですが、その大半は私の質問に対して「好奇心」「意欲」「友達と関わる力」などと答えます。こうした学生達が小学校の教員になっていく未来は、明るいのかもしれません。

新人保育者に子どもと向き合う時間を

4月に保育者としてのスタートを切った新人達にとっては、ゴールデンウイークが終わると、本格的な保育者としての生活がスタートします。前向きに仕事に向き合いたいところです。

しかし、「5月病」という言葉があるとおり、新人にとっては辛い時期になってしまうかもしれません。これを乗り越えて、保育という仕事の楽しさを感じてもらいたいと思います。

ゴールデンウイークの前に、私の園に新卒で入った職員達と話をしました。「何がわからないのかもわからない」「周りの先生達のレベルが高くて、自分の力量のなさが申し訳ない」など、新しい環境に戸惑っている発言が多くありました。

私は園長として「最初からできる人はいない。少しずつ仕事を覚えていけばいい」と伝えています。しかし、新人達からすれば「今の段階で、どこまでできればいいのか、どこまで覚えればいいのか」と不安は解消されず、園長の言葉は気休めにしかならなかったかもしれません。

さて、先日、ある幼稚園に就職した私の大学の卒業生から、相談がありました。「やることが多くて、仕事をこなしきれない自分が情けない」と言うのです。新人は覚える必要のあることが多いので、そうした気持ちになることはわかります。

しかし、詳しく聞いてみると「朝から保育室の鍵開け、園内の掃除、お茶出し、窓開けなど、新人が担当する仕事が多い。そのため、定時出勤では間に合わず、朝早く出勤している」とのことでした。保育が終わった後にもこうした業務が多く、退勤時間も遅くなるそうです。

「仕事に慣れていないから時間がかかる」ということもあると思います。しかし、保育以外の仕事量の多さは、本当に新人のためになっているのでしょうか。

この卒業生の意見だけを聞いているので、本当のところはわかりません。それでも、新人に課せられている仕事が、長い年月をかけてその園の「新人の仕事」として定着し、誰も疑うことなく「毎年みんながやってきたのだから」と引き継がれているのであれば、新人のためにならないし、保育者として育ちません。園のためにもならないでしょう。

さらに疑問なのが、保育者としての資質向上についてです。保育者の仕事は保育に直接関わるものだけではありません。雑務も大事な仕事です。しかし、雑務が多く、子どもに直接関係する仕事がおろそかになってしまうのであれば、資質向上はあり得ません。

新人保育者は、子どもとの関わりについても初めてのことばかりです。経験の長い保育者が忘れてしまったような、初々しい感動を味わっているのです。そんな時期だからこそ子どもと向き合える時間、保育を振り返る時間を持てるようにしてほしいのです。

園長は「保育者の担任」

大学での授業中に、学生から「園長先生はどんな仕事をしているのですか？」と質問されました。園長の仕事は多岐にわたるので、なかなか答えにくい質問です。

以前、同じような質問をされて、ある先生が「保護者の担任」とお答えになったので素晴らしいと思いました。「子どもの姿や育ちを、保護者に伝える」「保護者の意見に対して、丁寧に答える」「保護者が持っている資源を生かす」といった姿が思い浮かびます。

もちろん、私も保護者との関わりは大切にしています。けれど、私は「保育者の担任」になりたいと思って仕事をしています。つまり、人材育成が園長としての最も大切な仕事だと考えています。

私の考える人材育成の基本は、「保育と人材育成の根っこは一緒だ」ということです。例えば、保育では子ども達を丁寧に理解し、その姿を肯定的に受け止めます。人材育成でも、同じことが言えるでしょう。保育の考え方や方法は、人材育成に生かせるのです。

また、鯨岡 峻《たかし》・京都大学名誉教授は著書『保育・主体として育てる営み』（ミネルヴァ書房）の中で、「大人の『させる』働きかけが子どもを『育てる』ことなのか」と書いています。これは保育の質の向上で大切な視点の一つですが、人材育成の視点として次のように言い換えてみましょう。

「園長（主任、先輩）の『させる』働きかけが保育者を『育てる』ことなのか」。

保育者として、先輩の真似をしながら育つ部分もあります。しかし、自分で考えることをしないで「させられる」ことばかりだったらどうでしょうか。長い目で見た場合、成長は期待できないでしょう。また、仕事をする上でルールや決まりごとが多く、それをこなすように仕事をしているとしたらどうでしょう。自分で考えるという大切なことを放棄してしまうかもしれません。

保育は、子どもの主体性を大切にします。それは、「させる」より「したい」という思いの方が、人を育てるからです。

しかし、職場にルールがたくさんあり、上司の命令に従うことも多い「させる」ばかりの中で働く保育者は、子どもの「したい」という思いを大切にできるようになるでしょうか。

主体的に働く楽しさ、面白さを感じている保育者だからこそ、子どもの主体性を大事にできるはずです。つまり、保育者の主体性を大切にした人材育成は、保育の質の向上にもつながるのです。

自分で考えて働くのは、とても楽しいことです。だからこそ、私は「保育者の担任」である園長として、保育者が自分で考えて仕事ができる環境づくりを模索し続けています。

学び合える関係が人材育成の鍵

前項で、「保育と人材育成の根っこは一緒である」と書きました。この項はその続きです。

倉橋惣三は著書『育ての心（上）』（フレーベル館）の「教育される教育者」という章の中で、「教育はお互いである」と書いています。これは園長（上司）と保育者（教職員）との関係においても、同じことだと思います。互いに学び合える関係が人材育成の鍵の一つとなるでしょう。

私は幼稚園の園長として、教職員から学ぶことが多くあります。例えば、私が園長になってすぐの頃、当時の学年主任に「園長先生の言葉は重いですよ」と言われたことがあります。

自園の教職員との距離が離れないように、私はいろいろな話をするようにしています。それは今も変わりませんが、その当時は良いことも悪いことも、あまり考えずに口にしていたようです。

そんな私の言葉に、教職員は一喜一憂していたのに、私はそのことに気づいていませんでした。そんな時、学年主任の言葉に、はっとさせられました。

「園長」という肩書が付くと、周囲はそれまでとは違う目で見るようになります。これは善し悪しではなく、肩書がそうさせるのです。そのことに気付かせてもらい、本当に感謝しています。

よく考えれば私も担任保育者の時代、上司の言葉に悩んだり、喜んだりしていました。だからこそ、気を付けて発言しなければならないのです。そこで気を付けるポイントは、保育と一緒。相手を肯定的に見ることではないでしょうか。

私は保育時間中に、保育室の環境や子ども達の様子などを見て回ります。そうした時、教職員には「○○が面白いね」「この環境のここ、よく思い付いたね」と具体的に伝えるように心掛けています。また、「どういういきさつでこの環境になったの？」と、過程を聞くようにもしています。

すると、教職員達は笑顔で子どもの話をしてくれます。そして、その会話を通して、私は自園の強みを見つけられるようになりました。本当に「お互いである」ことが実感される瞬間です。

と言っていながら、最近は「お互いである」ことができているだろうかと自問自答しています。この本を読んだ教職員に「実態と書いていることが違う」と言われてしまいそうな気もします。

冒頭に紹介した倉橋惣三の文章には、「両方が、与えもし与えられもする」とも書かれています。

私は園長として教職員に与える存在になれているのだろうか。この文章を書きながら、初心を思い出しています。そして、教職員一人ひとりを思い浮かべてもいます。

「お互いである」職場環境となるように、園長としての役割を見直そうと、改めて思いました。

保育を「見える化」し、環境を充実させる

以前、ある園長先生から、「保育者が帰った後の夜の保育室を見てみると、いろいろなことがわかるよ」と言われたことがあります。

私もやってみたところ、保育者の工夫や迷い、子ども達の育ちなど、たくさん感じることができました。そして、その時感じたことを保育者と対話することが、保育の質の向上につながる可能性があるとわかりました。

そこで、私は時間の許す限り、保育室の環境を見たり、それについて保育者と話をしたりしたいと思っています。

園長や主任の中には、「保育者を緊張させるから、保育室には行かない」と言う人もいます。でも、それはとてももったいないことだと思うのです。

確かに、園長が保育室にいることで、保育者は緊張するでしょう。そうならないためには、実践から学ぼうとする園長の姿勢が必要です。そして、保育者の工夫を認め、迷いに気付き、対話を大切にすることが求められるでしょう。

とは言うものの、私の園の保育者達も「園長が来

ると緊張する」と言っています。そこで、私はできるだけ保育者を緊張させないように、子どもの姿や成長の様子を撮影することを一番の目的にして、保育室を回ることにしています。

「保育室だけ見ても、そこでどんな保育が行われているかはわからない」という園長や主任もいます。そういう保育室はおそらく環境構成が日毎に変わっていないのでしょう。

保育の質を高めるためには、教材はもちろん、子どもの疑問や好奇心にこたえる環境の工夫も必要で、その工夫の一つが「見える化」です。

子どものアイデアを書いて掲示したり、写真やコピーを貼ったりすることで、子どもがあそびやすくなったり、興味・関心が深まったり、新たに興味を持つ子やアドバイスをする子が出てきたりします。園長や主任も、保育者にアドバイスできるようになるでしょう。

このような「見える化」のための工夫がなく、子どもが登園してから降園するまで環境に変化がないと、子どものあそびは伸び悩む傾向が見られます。保育者にとっても園長や主任から保育について具体的なアドバイスがもらえません。

「見える化」は、子どもの見えにくい育ちを保護者に伝える時によく使われる手法ですが、子ども達のあそびが充実するためにも効果的なのです。その第一歩として、保育室の壁面の使い方を園内で検討してみることもいいかもしれません。

子どもへの「見える化」で広がるあそび

前項で「見える化」について書きました。「見える化」とは、そもそもビジネスの世界で使われている言葉です。保育の場合は、教育の効果や子ども達の育ちが見えにくいので、保護者などにも理解してもらえるようにという趣旨で、「見える化」が注目されるようになりました。

保育を「見える化」するものとしては、保育のプロセスの中での育ちを「見える化」するドキュメンテーション、個の育ちをわかりやすく理解したり、共有したりするためのポートフォリオやラーニングストーリーなどがあります。

ここでは、これらの保護者に対する「見える化」ではなく、子どものあそびや生活が広がるための「見える化」について、つまり「見える化」の対象を、子どもとして考えてみます。

先日、私の幼稚園でうさぎを飼うことになり、名前を付けることにしました。5歳児たちに名前の候補をいくつか出してもらい、その中から投票で名前を選びました。この時の投票方法は、好きな名前が書いてあるボードにシールを貼るようにしました。テレビの街頭インタビューなどで使われている方法です。子どもが見ても「たくさんシールを貼ってある名前が人気がある」ことが一目瞭然でした。

4歳児クラスで、星に興味を持った子どもが太陽や火星を作り始めた時には、担任が星に関する図鑑のコピーを壁に掲示しました。その子が何を作ったのかが周りの子どもも理解でき、星に興味を持つ子どもが増えていきました。そして、プラネタリウムやロケットづくりなど、あそびも広がりを見せていったのです。

このように、「見える化」は子どもの理解や興味の芽生えの手助けになりますが、課題となるのは、「見える化」するためには時間を要することです。忙しい保育者が「見える化」は仕事が増えて負担だと感じてしまうと、継続しません。

保育者の働き方を見直すとき、最初にするべきなのは仕事の優先順位を付けることでしょう。さらに、優先順位は「子どもの育ち」を考慮しながら検討すべきです。そうした場合、「見える化」は順位が上位になり、壁面装飾などはそれほど順位は高くならないでしょう。

もしそういう結果になったら、思い切って壁面装飾はやめることにして、そのために要していた時間と壁のスペースを「見える化」に使ってみてはどうでしょう。「子どもの育ち」を考えた仕事になることでしょう。

外部研修での学び――実践する姿を応援しよう

毎年7月、8月は外部の研修会が多く開催される時期です。

けれど、大都市圏と地方では、外部研修を受講できる機会に開きがあり、そのギャップが保育の質を高める上での課題の一つになっています。保育士のキャリアアップ研修や幼稚園教諭の免許更新講習など、研修の仕組みもできてきましたが、全国的にはまだまだ課題がありそうです。

そうした中、課題ばかりに目を向けるのではなく、外部研修を自園の保育の質を高める機会にすることが大事です。参加しただけで満足してしまい、研修を受ける前と同じ日常を送ってしまっては、研修を受けた意味がありません。

それ以上に残念なのは、研修内容を前向きに受け止めて園に戻り、その学びを実践しようとする保育者に対し、園長や主任が「前例がない」「自園の文化ではない」と拒否してしまうケースがあることです。これでは、せっかくの保育者の意欲向上が無になってしまいます。

前に「保育と人材育成の根っこは一緒である」と

書きました。もし、子どもが夏休み中にできるようになったことを「園でもやってみたい」と言ったら、保育者はその姿を応援するでしょう。そして、うまくいかなかった時は一緒に原因を考えたり、他の子ども達の意見を聞いたりしながら後押しし、成功したら一緒に喜ぶはずです。保育における人材育成についても、同じように考えられないでしょうか。

外部研修での学びを実践しようとすると、最初はうまくいかないことが多いものです。だからといって、すぐにやめてしまうのではなく、挑戦したことを認めて、なぜうまくいかなかったのかを職員間で考えたり、園長や主任も一緒に悩んだりすることが大事です。

なぜなら、こうした過程の中で、保育者は学びの重要性に気付くでしょうし、何よりも外部研修で得た知識を実践を通して高めることができるからです。そして保育者自身の質の向上へとつながっていくのです。

もし、園長や主任が保育者の挑戦を否定してしまったら、その保育者は一瞬にして意欲を失い、外部研修に積極的に参加することも、保育の質を高めようとすることもなくなってしまうでしょう。

園長先生の中には、「大学の教員は現場を知らないから、外部研修は意味がない」と考える人もいます。けれど、そんなことはありません。現場実践に詳しい教員は決して少なくありません。また、現場を知らないからこそ、異なる角度から実践を考えることもできるでしょう。要は、研修を受ける側の意識次第で、意味のあるものにも意味のないものにもなるのです。

ぜひ、園長先生から率先して、意欲的に外部研修に参加しましょう。

出会いの中で学び続ける

私が勤務する玉川学園を創設した小原國芳は、「進みつつある教師のみが、人を教うる権利あり」という言葉をよく使っていたそうです。保育者や教員が学び続けることの重要性を示した言葉です。

私自身、これまで多くの方から、たくさんの学びを得ることができました。学び続けることができる環境をいただけたことに感謝しています。

玉川大学を卒業後、わずか4年でしたが玉川学園幼稚部で担任保育者として勤務し、現在勤務する園に移った時、父である当時の園長（現理事長）から「たくさんの人と出会い、勉強して来い」と言われました。しかし、どこへ行けばいいのか、わかりませんでした。

そんな時、父の知り合いの園長先生達が「お父さんには世話になった」と、私に学ぶ機会を与えてくれました。当時は、「里喜！　どう思う？」と聞かれるたびに緊張したものです。けれど、意見を聞いてもらえるうれしさと、答えた後に、「そうだよな！」と共感してもらえた瞬間に感じた安堵と自信は忘れられません。

その頃の園長先生達からは、いろいろな勉強会や私立幼稚園の団体も紹介してもらいました。さらに、同じような立場にいる若手同士を出会わせてもらいました。

私は当時20代半ばで、自分がどの方向を目指せばいいのかもわかっていませんでした。けれど熱い思いはありました。そんな熱量はあるものの、それをどこに向けて良いのかわからない同士が集まり、「ああだ、こうだ」と、時には酒も飲みつつ交わした議論が、今の基盤になっているように思います。

子どもはプロセスから学ぶといいますが、私も同じでした。出会いや議論、あそびといったプロセスの中で、多くのことを学ばせてもらったのです。

当時出会った先生達とは、今も交流が続いています。会う機会は減りましたが、何かあれば相談し、助けられ、考えさせてもらっています。

この間も、31年続いている全国の園長先生達が集まる大会がありました。私も20年くらい前から参加していて、毎年たくさんの学びと刺激を得ています。

今年は1日目しか参加できませんでしたが、多くの懐かしい顔がありました。その人達と会話を交わすと今までの学びが思い浮かび、「これからも頑張ろう」という気持ちが湧いてきます。

私も40代半ばとなり、自分より若い人と会う機会が増えました。意欲にあふれ、熱量が感じられる若手を見ると、思わず応援したくなります。私が先輩の先生達にお世話していただいたように、何か力になれたら、と思っています。

「助けて」と言える人が一番強い

早期教育系保育のＤＶＤを見る機会がありました。その中で「子どもは困難に直面した時、大人の手を借りず、自分一人の力で立ち向かわなければ強くなれない」という趣旨の発言があり、ショックを受けました。

「走っていて転んだ」というような小さなアクシデントの場合なら、そういうこともあるかもしれません。でも、私はこの意見に反対です。

子どもには「困ったことがあった時には、助けてくれる人がいる。助けてもらえるのはとてもうれしい」と感じてほしいのです。そして、困っている人がいたら、助けてあげられる人になってほしいと思います。

私の園の子ども達のことです。入園当初の４月、３歳児がひじを抱えて大声で泣いていました。私は脱臼でもしたのかと思い、その子のところに行きました。すると、「虫が……」と、自分の腕に止まったとても小さい虫を指して泣くのです。そこに４歳児がやってきて、「僕が取ってあげるよ」と言いました。

何気ない場面ですが、私はこうした瞬間を大切にしたいと強く感じました。困っていた3歳児は、4歳児が助けてくれて、とてもうれしかったことでしょう。こうした感情と出合えることが、保育では大事なのではないでしょうか。

もし私がDVDのように「3歳児に手を貸すな。自分で解決するのが大事だから」と4歳児に指導したら、出合えなかった感情です。

保育者や学生と関わっていると、助けてもらうことに苦手意識を持っていたり、自分の力だけでやろうとしたりする人が時折います。「この程度のことは自分の力でやらなくてはいけない」「人に迷惑をかけてはいけない」と考えて、困難な場面でも声を上げられないのでしょう。

もちろん、自分の力で困難を乗り越えようとするのは大事です。しかし、抱え込み過ぎるのはとても辛いし、他者と連携することもできません。

私は、自園の保育者に「『助けて』と言える人が一番強い」と話しています。早い段階で解決しないと問題は大きくなってしまうでしょうし、何より一緒に働く仲間を信じて、互いに支え合って仕事をしてほしいと考えているからです。

助けてもらったことに感謝しつつ学んだことは、保育者としての向上にもつながります。そしていつか、同じように周りで困っている人がいたら、助けてあげてほしいと思っています。

保育だけでなく、人が生きていく上で、一人だけの力には限界があります。支え合い、協力し合って生活するには、「助けて」と言える勇気を持つことが必要です。きっと、その声を聞いてくれる人がいるはずです。

「楽しい」と感じる実習の重要性

学生が教育・保育実習をしている園に訪問指導に行った時、その園の保育者が「学生には、実習が終わってからも見返すような日誌を書いてほしいです」と話していました。実習期間が終わればすべて終わりとするのではなく、実習の終わりは保育者として学び続けることの始まり、というようなイメージでしょうか。

では、実習が終わってからも読み返したくなるような日誌を学生が書くための条件にはどんなことが挙げられるでしょうか。

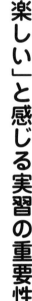

第一に、実習自体が楽しく、心を動かされる出来事がたくさんあることでしょう。辛いことの連続では、実習は思い出したくもなく、日誌も閉じたままになってしまいます。

「楽しいだけの実習では、現場では通用しない」という人がいます。保育の現場では様々なことが起こり、時には辛い思いをすることもあるので、そう言うのでしょう。しかし「楽しい」思いを経験していない人が、辛い出来事を乗り越えられるのでしょうか。「いろいろあるけれど、やっぱり保育はいい仕事、楽しい仕事」という思いがあるからこそ、困難を乗り切ることができるのです。

学生達も、ここでいう「楽しい」が、テレビのバラエティ番組のような消費的な「楽しい」ではないことを理解しています。子どもの日々の成長に驚いたり、子どもが自ら育とうとする姿を見て感動したり、子どもの興味・関心を大切にして環境を構成する保育者の姿に憧れたり……。そんな心の動きを「楽しい」と表現しているのです。

残念なことに、実習が辛いだけの経験で終わってしまう学生がいまだにいます。彼らは「やらなければいけないことが多すぎて、楽しいと感じる余裕がなかった」と話します。

「書いた日誌や計画に対する指導が重箱の隅をつつくような感じで、何を指導したいのか理解できない」「保育者と、子どもの成長を喜び、分かち合う瞬間がない」「子ども達も保育の中でやることが多く、それをこなすことで精一杯」などということばかりでは、学生には厳しかった印象だけが残り、実習での出来事を振り返ることも少なくなるでしょう。

近年、保育者不足で採用に苦労している園が少なくありません。原因は様々で、地域によっても異なります。しかし、実習が辛い経験で終わった学生は、その園に就職したいと思うでしょうか。さらに、保育者になりたいと思うでしょうか。

就職のために実習生指導をすることは、本来の趣旨ではありません。そうだとしても、学生が実習を通して園や保育への興味を高めるのは、喜ばしいことです。

写真を用いた日誌で「楽しい」が深まる

夏休みと実習が終わり、学生が大学に戻って来ました。そこで私のゼミでは、実習について、学生の意見を聞く機会を設けました。

多くの学生は、実習先の先生方や子ども達から多くを学んできたという話を、時間を超過するほど話してくれました。大学の講義と実習での実践的な学びが、保育者養成において相乗効果となることを改めて感じました。

そんな中で、日誌についての指導がよくわからなかったという声がありました。詳しく聞いてみると、「日誌に『〜のため』と書いたら『〜の為』と書くように」というような形式的な指導しかされなかった」と言うのです。

もちろん文字遣いは大事です。けれど、保育の本質的な指導がなされず、文字遣いだけを指摘されたのでは、学生が「わからない」と感じるのは当然です。

また、その日の出来事を細かく書くようにと指導された結果、一日の日誌が数枚にわたることになり、作成に時間がかかったという学生もいました。

以前にはとても多かったケースですが、これでは実習後の感想は「疲れた」になってしまいます。辛い思いで書いているので、後になって読み返そうともしません。

「そのくらい我慢できなければ……」という声を、保育現場で聞くことがあります。けれど、辛いことを我慢するより、ポジティブな気持ちになれる出来事に出合い、そのことについて先輩保育者と語り合い、「保育の仕事は素晴らしい」と感じることのほうが、実習では大切でしょう。

玉川大学では、これまでの形式の日誌のほかに、ドキュメンテーション型の日誌を用意し、賛同していただいた園ではこちらを使うようになりました。実習生が、実習の狙いや興味・関心に応じて保育中に撮影した写真をピックアップし、そこから見て取った子どもの育ちや感じたことを文章で書いていくという形式です。

写真なので、あそびのプロセスがよくわかるし、子どもの姿や実習生の思いも理解しやすいのです。「作っていて楽しい」という学生が多いのも大きな特長です。

実習の事後指導をしていた時、ある学生が自分が書いたドキュメンテーション型の日誌を他の学生に見せながら、子どもの様子を話していました。その姿から、充実した実習だったことが伝わってきました。

実習期間中も、学生が担当保育者とその日の保育を振り返る時、写真を見ながらだとわかりやすく、指導も具体的になります。

実習は「楽しい」が大切だと前に書きましたが、ドキュメンテーション型の日誌の導入で、「楽しい」がより深まったようです。実習のあり方も、大きく変わってきています。

保育の質の向上が求人難を乗り越える鍵

全国的に保育者不足で、数年前と比べて求人のあり方もずいぶんと変わってきました。しかし新卒採用については従来どおり、11月以降が一番求人件数が多くなります。学生達も就職について、いろいろ思い悩む時期です。

学生達の多くは、保育者不足の現状を理解しています。しかし、だからといって安心している学生は少ないでしょう。自分が希望する園に就職できるだろうか、思い描いているような園に出合えるだろうかと、様々な思いの中に学生達はいます。

では、学生はどんな園に就職したいと考えているのでしょうか。一人ひとり違いはあるものの、同じような傾向を感じています。

学生にとって、給与は興味があるところでしょう。仕事をするのですから当然です。しかし、高給を求めているわけではなく、生活できる程度の給与がほしいと考えている学生が大半という印象です(だからといって、保育者の専門性を考えたとき、今の給与水準でいいとは思っていません。けれど、園だけで解決するのは難しい課題です)。

それよりも、保育内容や、共に働く保育者との人間関係を重視して園選びをする学生が多いようです。

東京都の4年制の大学に勤務する私の印象ですから、全国的な傾向ではないかもしれません。しかし、他の地域でも大きな違いはないはずです。

保育内容について、学生は養成校の授業で「子ども達が主体的に、試行錯誤しながらあそび、生活する中にこそ、学びがある」ということを、様々な角度から学んでいます。機材の進歩もあり、写真や動画などを通して、あそびの中の学びを実践的に学んでいるのです。

そうしたこともあり、子ども主体であそびを大切にした保育をしている園に就職したいと希望する学生が増えています。

学生達が考える「いい人間関係」とは、友達のような関係性ではありません。みんなで子どものことを考え、保育者としての資質能力を高め合えるような関係性を指しているのではないでしょうか。

そして、人間関係の悪いところで、いい保育ができるとは思っていません。そもそも人間関係が悪くては、働きやすいとは言えないでしょう。

このように考えてくると、求人難を乗り越えるための園づくりの方向性が見えてきます。それは、保育の質を高めることです。特に、私立園の場合は独善にならず、保育の本質を追究することです。

そのためには、園長自らが、保育を勉強することが欠かせません。保育者と一緒に子どものこと、保育のことを考えることが、新卒採用につながっていくのです。

「いいこと」を探し、前向きな園づくりを

世界的な気候変動の影響で、最近は毎年のように夏から秋にかけて全国各地が台風や豪雨による災害に見舞われています。被害を受けるのは、保育施設も例外ではありません。

私は台風で被災した知人の園を訪れたことがあります。建物には浸水した跡が残り、園庭には粘土質の泥があふれていました。

私が訪れたのは被災の1週間ほど後だったので、復旧作業もかなり進んでいましたが、それでも大変な状況が見て取れました。

そうした中、知人である園長先生と話をしましたが、「これを機会に保育環境を変えるんだ」「今、こうして生きていられるのは、運が良かったから」など、多くの前向きな言葉を聞きました。

被災による疲れや今後に対する不安など、ともすればネガティブな感情に陥りそうなのに、園長先生のポジティブな姿勢は、その場の空気を明るくしているように感じました。

園長先生はさらに「トップの人間が前向きじゃないと、一生懸命働いてくれている人達のやる気が

なくなる」とも言っていました。これは平時でも大切なことだと、改めて気付かされました。

園長や主任の考え方が悲観的だったり、否定的だったりした場合、その園で働く人達は、やりがいを見出しにくいでしょう。保育者が意欲的に取り組もうとしても、それに対して園の柱となる園長や主任が後ろ向きであるだけで、意欲を減退させてしまうのです。

職場の人間関係だけでなく、保育の質、つまり保育者と子どもの関係を考える上でも同じことが言えるでしょう。悲観的な担任の下では、子どもは明るく朗らかに過ごすことはできません。

ある研修会で「最近の保護者についてどう思いますか」と質問したところ、「最近の保護者はなれなれしい」と答えた参加者がいました。そこで「最近の保護者のどんなところがいいと思いますか」と質問を変えると、「フレンドリー」という答えが返ってきました。同じ性格も、ネガティブに見れば「なれなれしい」ですが、ポジティブに見れば「フレンドリー」と好意的にとらえることができるのです。答える時の発言者の顔つきまで全然違ってきます。

人が前向きになるには、このように物事の「いいこと」を見るようにすること、ポジティブな言葉を使う習慣をつけることが必要だと思います。特に、園長が様々な「いいこと」を探し、それを言葉にできることが、前向きな園づくりにつながるのではないでしょうか。

「頭で考えずに、自然にほめよう」

「ほめる」ことを、難しいと考えてしまう時があります。保育でも、人材育成でも「ほめることが大切」と多くの人が言っていますが、「言うは易く、行うは難し」と感じることが多々あります。

先日、職員室で、5歳児の担任保育者が主任保育者に発表会の相談をしていました。「今、子ども達の興味は○○にあるので、私は○○しようと思っているんです……」。

それに対して主任は「それでいいと思うよ。面白いよ」と答えました。すると、担任は「良かった、安心しました」とほっとした様子でした。

このやりとりの中で、主任は担任をほめているわけではありません。けれど相談に来た担任を認め、理解を示し、共感しているのです。

誰にでも、自信を持てない場面があります。そんな時、「それでいい」と認めてもらえるのは、とてもうれしいことです。相手の心には、ほめることよりも響くでしょう。

さらに、上司である主任から言われた「それでいい」なのですから、安心感は格別です。こうしたやりとりを積み重ねることで、保育者は自信をつけていくのだと思います。

3歳児の担任と「子どもをほめること」について話をしましたが、その担任は「1年目は、子どもをほめることにすごく気を遣っていたけれど、今はあまり意識していない」と言っていました。

もしかすると、1年目は頭で考えてほめようとしたのでしょう。けれど、子どもは頭で考え、計算してほめられるより、自然に心をこめてほめられたほうがうれしいはずです。「ほめなければいけない」と思っている人の言葉は響かないのです。これは、保育だけではなく、人材育成でも同じです。

最近、人材育成や「保育の質の向上」の議論の中で、方法論が語られることが多いように思います。

また「こうあるべき」「こうでなければならない」といった「べき論」も増えてきました。これらは、頭で考えることが中心になっていないでしょうか。

「ほめる」に関していえば、ほめようとして頭で考え過ぎたり、手法や方法ばかり意識したりするよりも、意識しないでほめたり、自然に出た相手を認める言葉のほうが、伝わるはずです（手法の全てを否定はしません）。

大事なのは、他者のいい面を見るようにすること、相手や、自分の置かれている環境に不平不満を言わないこと、自分自身が認められる経験をたくさん積むことなど、普段からポジティブな意識を持つことではないでしょうか。

園長に求められる行事の精選

幼稚園では、２学期は行事の多い学期です。保育所は学期制ではありませんが、この時期に行事の多いところもあるかと思います。

幼稚園教育要領、幼保連携型認定こども園教育・保育要領には、行事について次の記載があります。保育所保育指針には記載がありませんが、保育所の人達にも是非考えていただきたい一文です。

「行事の指導に当たっては、幼稚園生活の自然の流れの中で生活に変化や潤いを与え、幼児が主体的に楽しく活動できるようにすること。なお、それぞれの行事についてはその教育的価値を十分検討し、適切なものを精選し、幼児の負担にならないようにすること」（幼稚園教育要領より抜粋。幼保連携型認定こども園教育・保育要領にも同じ内容の文言あり）。

それぞれの行事によって、目的は違います。その中で共通する目的は、この文言の通り「生活に変化や潤いを与える」ことです。つまり、行事のために生活するのではなく、生活のための行事であることが求められます。

現場の保育者から「行事があるから、生活が途切れてしまう」「行事があるから、あそびが深まらない」という声を聞くことがあります。一つの行事が終わると、次の行事があり、生活が途切れると言うのです。

こうなってしまうと、何のために行事があるのかがわかりません。だからこそ「適切なものを精選する」必要があります。

「精選」とは、行事の意味や狙いを考えることです。意味や狙いが生活に変化や潤いを与えにくいものであれば、その行事はやめることを考えたり、「幼児が主体的に楽しく活動」できないのであれば、方法や時期などを再検討したりしなければなりません。

行事は園全体で行うことが多いので、保育者一人の判断でやめることはできません。だからこそ「精選」するためには、園長の役割がとても大きくなります。

もし園長が「保護者が期待しているのだから、行事はやめられない」と判断したとすると、精選はできません。行事を「子どもの生活、育ちのため」ではなく、保護者のために実施しているからです。これでは、行事の教育的な狙いも全く見えません。

行事を楽しみにしている保護者の思いをないがしろにしてはならないでしょう。けれど、保護者に迎合し、子どもを操って何かをさせるような行事のあり方では、子どもが育つはずがありません。そして保育者も意欲的に取り組むことはないでしょう。

行事の検討は、保育の質を高めるためにとても重要なことなのです。

日常生活に根付いた行事を

前項に引き続き、行事について考えていきたいと思います。

昔は日常生活の中に正月や祭りなど、年に数回の年中行事、いわゆる「ハレ」の日があり、人々はそれを楽しみに暮らしていました。

一方、現在の日本では毎週・毎月のように「ハレ」の日があります。クリスマスやハロウィンなどの新たな行事、映画、コンサートなどの娯楽やイベントが増えて、私達の生活は「ハレ」の日が中心といっても言い過ぎではないかもしれません。

これらは豊かになった証しでもあるので、一概に悪いことではないと思います。しかし、日常の生活を大切にする幼児教育・保育の場では、同じように「ハレ」の日を増やしていくわけにはいかないでしょう。

普段の園生活の中で、雲を見て何に見えるか考えたり、散歩中に落ち葉が増えたことに気付いたり、興味を持ったことを「どうしてだろう」ととことん調べたり試したり、ファンタジーの世界であそんだり……。そんな時間がどれだけ確保されているでしょうか。

子ども達は、こうした何気ない毎日の生活の中で育っていきます。それなのに、発表会の練習に追い立てたり、造形展のために作品を作らせたり、次から次へと行事が計画され、それをこなしていくだけの保育になってしまったとしたら、本当の育ちが保障されるのでしょうか。

「行事は必要ない」と言っているわけではありません。昔の人が楽しみに待っていたように、園行事も園生活に根付いた、子ども達がわくわくして待つようなものであるべきでしょう。

先日、私の園で生活発表会がありました。開催前のある日、園庭を見ると、子ども達が自分で作った衣装やドレスを着て、ごっこあそびをしていました。また、発表会当日、あるクラスの担任は「発表会に向けての準備は特にしてきませんでした。普段のあそんでいることを、そのまま発表する感じです」と保護者に説明していました。そして、普段あそんでいる縄跳びや相撲、ごっこあそびで劇を構成していました。

このような姿を見て「『行事のための生活』ではなく、『生活のための行事』にしよう」と、一人ひとりの保育者が取り組んできたことが実感できました。

「ハレ」の日が多くなった現在、保育では、ますます普段の生活が大切になってくるはずです。だからこそ、行事が生活に「変化や潤い」を与えられるように、行事の数の調整や内容の検討が必要です。

そのためには、保護者の理解が不可欠です。日頃から、日常生活の大切さを伝えたり、一緒に保育をつくったりしていれば、保護者もきっとわかってくれるはずです。

保護者の協力は園の財産

園内研修を行った時のことです。この日はウェブ（キーワードをくもの巣のようにつないでいく）の手法を取り入れることにしました。

保育者は学年ごとに模造紙を囲み、今、子ども達が興味・関心を持っているあそびについて、「どこに興味を持っているのか」「どんな思いを大切にしたいか」「今後予想される活動とそのために必要な環境」などを書き出していきました。ウェブには他の学年の保育者にも、気が付いたことやアイデアを書き加えてもらいました。

研修中に、宇宙に興味を持っている子の話が出て、ウェブには「宇宙」というキーワードが書かれました。次に「母の協力あり」と書いて線でつなぎました。子どもが自宅で、母親と一緒に地球や火星を作ってきたのだそうです。「母の協力あり」のキーワードのところに、他の学年の保育者が「うちの園の財産だと思います」と書き加えました。私はこれを見て、とてもうれしくなりました。それにはいくつか理由があります。

一つは、私は副園長だった頃からずっと、保育者と相談しながら保育を変えてきました。一日の保育の流れや、増え過ぎてしまった行事を見直しました。すると「以前の保育の方が良かった」と不満を口にする保護者も出てきましたが、その都度、担任は子どものあそびの大切さや、子どもの「面白い」に共感してあそびを深めていくことの大切さを、保護者に丁寧に伝えてくれました。その積み重ねで、保護者が様々な形で保育に参加するようになりました。今では、保護者が子どものあそびに必要な素材を提供してくれたり、子どもの「なぜ」を自宅で一緒に考えてくれたりすることが増えました。

いろいろな園の保育者から、「保育を変えたいけれど保護者が……」という声を聞いてきました。しかし、説明と実践をくり返し、子ども達の育ちが見えてくると、保護者は応援するようになってくれます。長い時間をかけて築き上げてきた保護者との信頼関係は、確かに園の「財産」だと私は実感しました。

保育者自身が「財産」と自覚してくれていることも、うれしく感じた理由の一つです。保育は園内だけでなく、園の外の人達との様々な関係性があってこそ成り立ちます。子ども達の興味・関心を園の中だけに閉じ込めておいては、広がりに限界があります。そうしたことを理解してくれているからこそ、「財産」と書いたのでしょう。

保護者の協力があってこそ、保育は成り立ちますが、それは保護者に義務を課すことではありません。保護者自身も「楽しい」「面白い」と感じてこそ、協力が得られるのではないでしょうか。そして、そうした「協力」が、財産につながるのだと思います。

「人材育成でも受容的・応答的な関わりを」

保育園の1歳児が公園であそぶ様子を見学しました。その時、一人の男の子が、みんながあそんでいる場所から離れようとしました。担任の保育者はその様子をしばらく見ていましたが、「これ以上離れると危ない」と判断して、その子のそばに行きました。そして「○○が見えるね」「あっちからでも見えるから行こうか」と声を掛け、みんながあそんでいる場所に戻したのです。

子どもの安全を確保するのは保育の基本です。けれど、いきなり「ダメ」と否定するのではなく、子どもの「行きたい」気持ちを受け止めた保育者の言動によって、子どもと関わる上で大切なことを改めて考えることができました。

保育所保育指針の「乳児保育に関わるねらい及び内容」の「イ　身近な人と気持ちが通じ合う」には、「受容的・応答的な関わりの下で、何かを伝えようとする意欲や身近な大人との信頼関係を育て、人と関わる力の基礎を培う」とあります。

紹介した事例は、まさしく「受容的・応答的な関わり」を具現化した姿だと言えるでしょう。

保育者は、子どもの「あっちに行ってみたい」という思いを否定することなく、受け止めていました。ほんの数秒の場面でしたが、こうした関わりをくり返すことで、子どもと保育者の信頼関係が育まれ、人と関わる力の基礎がつくられていくのでしょう。

保育所保育指針が示す「乳児保育」は、0歳児保育のことです。しかし、この「受容的・応答的な関わり」は0歳児だけではなく、1歳児から5歳児においても大事なのではないでしょうか。

子どもが一緒にいたいと思うのは、自分を否定する人ではなく、自分を認め、受け止めてくれる人です。もちろん「ダメ」と言ってはいけないわけではありませんが、まずは「やってみたい」という子どもの気持ちに寄り添ってみることが求められるのです。

これは子どもだけでなく、大人も同じです。人材育成も「受容的・応答的な関わり」が大事だと思います。

保育所保育指針では、先の項目の「内容の取扱い」に「（前略）子どもの多様な感情を受け止め、温かく受容的・応答的に関わり、一人一人に応じた適切な援助を行うようにすること」とあります。この文章の「子ども」を「保育者」に置き換えると、そのまま人材育成で大切にしたいことになるでしょう。

大人も子どもも、いろいろな感情が渦巻く中にいます。だからこそ、温かく受け止められ、対話的に関わってもらえると、安心できる環境だと感じられるのです。そうした環境があるからこそ、伸び伸びと生活し、仕事をしていくことができるのです。

学び続ける教師のみ、教える権利あり

保育の質の向上にはゴールがありません。だからこそ、質の向上を目指し続けることが大切です。

私も、自園の保育をずいぶん変えてきました。だからといって改革が終わったわけではなく、常に考え、時には頭を抱え、三歩進んで二歩下がるような状態を感じながらも、少しずつ前に進んでいます。

そのことが、自分の学びになってきたという実感を持っています。

この本の冒頭に紹介した、玉川学園の創設者、

小原國芳は「進みつつある教師のみが、人を教うる権利あり」という言葉を、好んで使っていました。言い換えるならば「学び続ける教師のみ、人に教える権利あり」ということでしょう。

保育の質を高める第一歩は、小原の言葉通り、学び続けることにあると思います。本を読むことであったり、議論することであったり、実践であったり、様々なことを通して学ぼうとする意欲を持ち続けることが大切です。

私は幼稚園と大学、双方に関わっています。そ

れぞれから、いろいろなことを学ばせてもらえるのを、とてもありがたく思っています。さらに、保育所の先生方からも学ばせていただく機会が増えました。以前は幼稚園と保育所は近くて遠い存在でしたが、今は互いに学びあう関係に変化してきていることを嬉しく思っています。

多くの保育者が、私のように学びに恵まれた環境にいるわけではないことはわかっています。しかし、どんな状況にあっても、学びは見つけられるものなのではないでしょうか。自分を取り巻く子どもから、保育者から、そして保護者から……。学ぼうとする意欲があれば、学び続けることはできると思うのです。

私は、自園の保育者からの学びがとても大きいです。保育者同士の会話に耳を傾ければ、子どもを第一に考えなければならないと再認識させられます。保育室の環境を見ると、保育者の工夫の重要性に気付かされます。悩み事の相談を受ければ、誇りを持って真剣に仕事に取り組むことの尊さにはっとさせられます。

私が玉川学園幼稚部に勤務していた当時の部長だった脇《わき》 悳《のぼる》先生は、「子どもが『いてほしい』と思うような先生になれ」とよく話していたことを思い出します。

人材育成と保育の考え方が近いことは、何度も書いてきました。だからこそ、私は保育者が「いてほしい」と思うような園長になりたいと思っています。そうなれるように、これからも学び続ける人であろうと思います。

column

よき保育者とは？

～小原國芳の言葉～

1章では、玉川学園・玉川大学を創設した小原國芳（1887 － 1977）について、いくつかの項でふれています。私が通っていた高校と大学、一番最初に勤めた幼稚園、そして現在勤めている大学を創った人です。

その小原が 1972 年に日名子太郎とともに監修した『玉川幼児教育講座３　保育内容の研究（1）』（玉川大学出版部）という本のなかで「保育者への私の願い」と題して幼児教育で特に大切なことを 10 項目挙げています。全文を紹介することはできませんが、その中の一項目を少し長いですが引用します。

第九によき保母とは、

（1）健康を第一に気をつける。
（2）子どもたちとよく遊ぶ。よく話しあう。
（3）暖かい心の持主。にこにこした笑顔の持主である。
（4）仲間のあいだに助け合いやいたわりの心を自然にうえつける。
（5）一人ひとりの個性をつかむ。
（6）教師が自分で新しい教材を作る。
（7）子ども自身が考えて真理を発見するようにしむける。
（8）父兄との理解をはかる。
（9）敬虔な宗教心をもてる人。

古い本からの引用なので、言葉遣いが馴染まない部分もありますし、小原の教育思想を理解していないと読み違えてしまうかもしれない部分もあります。けれど、今の保育にも通じる大切なことが書かれています。そして、これらは一般の保育者だけではなく、園長や副園長、主任といったミドルリーダーの先生方にもあてはまる、とても大切なことばかりだと言えるでしょう。

私自身、これらのことを全て実行できているとは言えません。だからこそ、時々これを読み返し、反省し、実践しようと思いを新たにしています。

2章

園の理念を保護者へ（園だよりから）

大切な「一人でじっくりあそぶ時期」

4月も半ばを過ぎ、年少組がちょっとずつ落ち着いてきているように感じます。年少組の一人ひとりを見てみると、登園後しばらくしてから泣きだしたり、ケンカしたり、他のクラスをのぞきに行ったり、と、十人十色です。

だからこそ、その子なりの園での生活の仕方をつくっていってほしいと思います。幼稚園に入る前の生活は、家庭ごとに違いました（もちろんそれは、入園後も同じですが）。ですから、一律に気持ちが揃うなどというのはあり得ないことです。子ども一人ひとり（大人の思いとか、大人のペースではなく）の育ちにあわせて、その子にふさわしい幼稚園生活を保護者の皆さんと一緒につくっていきたいです。

さて、私はよく年少組について「全員がジャイアン」と表現します。「オレのものはオレのもの。のび太のものもオレのもの」と全員が思っているのが、3歳児年少組です。これは、けっして悪い意味で言っているのではありません。自分のことを一番に考える、とても大切な時期だということを強調したいのです。

3歳児の砂場でのあそびをよく見ると、同じ場所に集まって「楽しいねえ」と言っているけれど、山を作っていたり、穴をほっていたりと、それぞれ違うことをしています。これを専門用語では「平行遊び」と言います。「どこまでいっても、それぞれのあそびがつながることはないんじゃないの？

平行線なんじゃないの？」と思えるあそびだからです。しかし、この「平行あそび」の時期はとても大事です。自分のしたいことをじっくり楽しめたと満足すると、安心して、視野が広がっていきます。「平行あそび」を十分楽しんでこそ、周りの友だちを意識するようになるし、友だちとあそぶことが楽しくなっていくのです。

「幼稚園に入るとすぐに友だちができる」と思っている方がいらっしゃるかもしれませんが、一人ひとりの子どもの育ちには違いがあるので、友だちに関心が向くのはもっと後、ということもあります。でも、がっかりしないでください。友だちができる前に、一人でじっくりあそぶ時期があるのは、とても大事なことなのです。どうぞ急ぎすぎないでくださいね。

平成29年4月21日

子どものいいところを見つけて

3歳児クラスの保育室をのぞいたところ、すぐに作ってあそべるように、くまとうさぎの形に切られた紙、お面にできるベルト、そしてクレヨンなどが置いてありました。ある男の子が早速興味を持って、お面を真剣に作り始めましたが……。

うさぎをベルトにつけ、そのベルトにクマもつけようとして、セロハンテープをビーッと切ってはグチャッと貼る、ビーッと切ってはグチャッと貼る、そのくり返しでした。お面としての完成度は高くはありません。でも、男の子のまなざしはとても真剣でした。声を発することもなく、「こんなに集中できるんだ！」と、見ているこちらが感心するぐらい。

さて、このような姿を家庭で見たら、皆さんはどう思いますか？「夢中で取り組んでいてすごいな」と思うのか、「セロハンテープを上手く使えないで、無駄遣いだよなあ」と思うのか。両極端の考えを並べたので、どちらでもないという声も聞こえてきそうですが、この思いの違いが子どもの育ちに影響を与えているかもしれません。

3歳児はまだまだ指先の巧緻《こうち》性が発達していないので、セロハンテープを上手く使えません。また、「無駄遣い」という概念も理解しにくい年齢です。これからたくさんの経験を重ねて指先が発達してくれば、上手く使えるようになるし、むやみに使った結果、セロハンテープがなくなって困ったとい

う経験をすれば、無駄遣いすることもなくなるでしょう。だから、無駄遣いを指摘するのではなく、夢中になっている姿を応援してあげてほしいのです（これは、3歳児だからということではなく、どの年齢に対しても同じですね）。

応援するといっても、「こうしたほうがいいよ、ああしたほうがいいよ」と言うのではなく、じっくり集中できる時間をつくってあげる。干渉するのでも、放っておくのでもなく……。そんな何気ない時間を大切にしていただきたいと思います。

幼児期は、すぐに答えが出ることは少ないものです。ちょっとずつちょっとずつ、慌てずに子どもを信じて、子どものいいところを見つけてあげましょう。

平成29年4月28日

子どもとルール

先日、ある幼稚園の見学に行ってきました。他の園を見学することは、自園を省みる、とてもいい機会になります。

その園での出来事です。

4歳児が隣の施設に行く予定があり、担任の先生は「上履きを持っていきます」と子ども達に伝えていました。それに加えて、上履きを持つときの約束として、上履きのかかとを持つように指導していました。

4歳児といってもまだ5月ですから、発達にも個人差があり、並んで歩くだけで精一杯の子もいます。上履きをうまく持てなくなってしまうこともあります。

すると、それを見た先生が「約束したよね。上履きのかかとを持とうね」と注意しました。

私は「約束って難しいな」と思いました。

幼稚園は一つの社会ですから、約束やルールは必ずあります。そして、それを守るのは大事なことです。けれど、約束やルールがたくさんあり過ぎると、その分、約束やルールが守れないことも多くなり、子どもにとって過ごしやすい環境ではなくなってしまうでしょう。

今回の場合、先生の「この時期ならできるだろう」という思いと、実際の子どもの姿がちょっとずれています（実はこうしたことは保育の中でよく起こります。実際にやってみて、まだ早かった、次は別なやりかたをしようと、子どもの育ちをはかりながら、試行錯誤しているのです）。

上履きはかかとを持つこと、と約束を増やした分、約束が守れていないことを指摘しなければならなくなってしまいました。「上履きで友だちをた

たかなければいいかな」くらいの気持ちでいれば、注意することも減り、歩いている途中で、子ども達と会話を楽しむこともできたでしょう。

子育ても同じです。家庭でのルールは大事ですが、たくさんルールがあると、子どもが守れないこともたくさんになってしまいます。だから、家庭のルールはある程度おおらかであることも大事なのです。

もう一つ大事なのは、子どもと一緒に考えてルールづくりをすること。

人間は言われたことは忘れがちです。でも、自分で考えたり、体験したり、能動的に関わったことは覚えているものです。

だからこそ、ルールをつくるときは、子どもと一緒に考えて決めてみてはいかがでしょう。

平成29年5月19日

ルールはなぜあるのか?

私たちが生きている社会にはたくさんのルールがあります。何か問題が起こると、そのたびにルールが増えていきます。

ある幼稚園の運動会のルールは、バーベキュー禁止、テント禁止、ピザの注文禁止……と、禁止事項が年々増えていったそうです。

ちょっと冷静に考えてみましょう。これらのルールは本当に必要なのでしょうか。「大勢が集う場では、人の迷惑にならないように行動しましょう」という一言で済むことだと思うのです。

バーベキューは煙や匂いが迷惑だなあ、テントを張ると他の人が見にくくなるなあ、みんながピザを注文したら混乱するだろうなあ。「人の迷惑にならないだろうか」という観点から想像すれば、しないことなのではないでしょうか。

ルールが多くなると、ルールを守りさえすればいいのだと何も考えなくなり、結果として想像する力がなくなり、自分で考える力を放棄することになってしまいます。それでいいのでしょうか。

運動会という行事を控え、保護者の皆さんにも、公共の場での行動について考える機会にしていただきたいと思います。

さて、ちょっと話が変わりますが、歩きコースの降園時、園庭開放を30分程度しています。その時の子ども達の姿は保育中とはずいぶん違います。園庭開放の時の方がワイルドです。親御さんがい

るという安心感があるからでしょうし、保育中のような「あそびのつながり」がない、ということもあるでしょう。降園後の、公園での子ども達のあそびにも、同じような傾向があるのではないでしょうか。

こんなときは、ぜひ子どもから目を離さないでください。けがが起きやすいのはもちろんですが、大人の援助が必要な時もあるでしょう。

保育の世界には「見守る」という言葉があります。保育者が、子ども達のあそぶ姿をただ見ているのではなく、必要な時には子どもたちを援助することを指します。子どもの姿をよく見ていなければ見守ることはできません。皆さんも、子どものあそびを見守ってみませんか。

平成29年9月29日

紆余曲折の道

子ども達がサッカー場と呼んでいるコーナーを見ると、この間まで年長組の陰であそんでいた年中組が進級して年長組になり、「俺たちの場所だ！」と言わんばかりにのびのびとあそんでいます。

砂場では、いろいろな学年の子どもがあそんでいます。年少組の子が多いのですが、年中組の子が年少組の子に何かを教えている姿も見られます。

暖かくなったので、昆虫も活動を始めました。先日、年長組の子が虫を捕まえましたが、名前も何を食べるのかもわかりません。図鑑で調べたり、人に聞いたりしても、わかりませんでした。

「知り合いに昆虫・動物博士の大学の先生がいる」と子ども達に伝えると、「その先生に聞きたい！」ということになり、虫の写真を撮り、ひらがなスタンプを使って手紙を書きました。その手紙を私がメールで大学の先生に送ったところ、すぐに返事がきました。「ガガンボ」という虫だそうです。私も初めて聞いた名前でした。

子どもが虫の名前がわからないと言ったとき、すぐに大学の先生のことを伝えることもできたのですが、それはしたくありませんでした。自分で調べたり、人に聞いたり、試行錯誤する中で、子ども達は様々なことを学ぶからです。

大学の先生の存在を知ったことで、次からは、わからないことがあったら「あの先生に聞こう！」ということになるでしょう。でも、その時には、

また新たな疑問がわいてくるはずです。「どうやって聞こうか？」「虫博士ってどんな人なの？」「何で詳しいの？」などなど。

このように次から次へと問いが生まれ、それについて考えていくことで子ども達は様々な学びをしていきます。

とは言っても、入園したての年少組の子ども達にはまだまだ先の話です。今はたっぷりと夢中になってあそぶこと、何よりも幼稚園が楽しく、安心できる場所だと思えることが大事です。

平成30年4月20日

お泊まり会をきっかけに

先週末、年長組のお泊まり会がありました。年長組の保護者の皆様には、様々な面でご協力いただき、ありがとうございました。

お泊まり会のねらいは以下の通りでした。

・自分たちで生活するために必要なことを考え、自分たちで生活することに意欲を持つ。

・自分の役割を理解し、行動する。また、他児の行動を認めることができるようになる。

・クラスの友達と一緒にお泊まり会を楽しみ、人間関係を深める。

お泊まり会は、子どもがお客様になって宿泊する会ではなく、自分たちでつくり上げる会であり、役割分担しながら生活を考え、また、他の子がしていることを「すごいね」と認められるようになり、そして、お泊まり会の経験が人間関係を深めるきっかけになってくれればと願って実施しました。もちろん、これらのねらいはお泊まり会だけで達成できるわけではありませんが、お泊まり会をきっかけに、じっくりと育てていきたいことです。

お泊まり会の前には、子ども達と何度も話し合いをして、いろいろなことを決めていきました。その中で、カレーのレシピを考えたのですが、保護者の方も隠し味を試してくれたり、手紙や写真でレシピを教えてくださったりと、ご協力いただきました。

子どもは幼稚園だけでも、家庭だけでも育つわ

けではありません。園と家庭が手を取り合って支えることが大事です。その中で大切にしたいのが、子どもも保護者も一緒になって楽しむということです。義務感からだったり、やらされたりするのであれば、楽しむことはできません。「楽しい」は人によって違います。だから、「これなら一緒に楽しめる」ということを、お子さんと話をしながら探してみてください。そして、それを幼稚園にフィードバックしていただけると、とてもうれしいです。

平成30年7月6日

運動会の目的

運動会が近づいてきました。

何度もお伝えしていますが、東一の江幼稚園の行事は「生活の自然の流れの中で生活に変化や潤いを与える」もので、「幼児が主体的に楽しく活動できる」ように考えています。「」の部分は、日本の幼稚園教育の基盤でもある、幼稚園教育要領からの抜粋です。

幼稚園教育要領の解説には次のように書いてあります。

「幼児は、行事に至るまでに様々な体験をするが、その体験が幼児の活動意欲を高めたり、幼児同士の交流を広げたり、深めたりするとともに、（中略）遊びや生活に新たな展開が生まれたりする」。

つまり、行事の当日だけが大事なわけではなく、行事に至るプロセスの中に学びがあると書かれています。

体を動かしてあそぶのは楽しいと感じたこと、友だちと一緒にあそんだこと、夢中になって取り組んだこと……。こうした今までに経験したことが運動会につながっています。

年少組は初めての運動会ですから、とにかく楽しむことをメインに。年中組は担任と一緒に体を動かすのは気持ちいいと感じることを大切に。年長組は友だちと一緒に主体的に取り組んで、当日を迎えられるように、と考えています。

ただ、このプロセスが大人主導だと、子どもは負担を感じ、意欲が減退してしまいます。東一の江幼稚園では、運動会も他の行事も、大人が決めたことに子どもが従うようにはしていません。大人が決めた方が早く進められるし、見た目もきれいになりますが、そういうことで、本当に子どもが育つのか疑問だからです。

幼稚園教育要領の解説には次の文章が続きます。

「行事そのものを目的化して、幼稚園生活に行事を過度に取り入れたり、結果やできばえに過重な期待をしたりすることは、幼児の負担になるばかりでなく、ときには幼稚園生活の楽しさが失われることにも配慮し（中略）地域社会や家庭との連携の下で、幼児の生活を変化と潤いのあるものとすることが大切である」。

子どもに期待するのは親として当然ですし、それが子どものやる気につながることもあります。でも、期待し過ぎるあまり、「あなたは運動音痴よね」「できないじゃない」などと、やる気を阻害するようなことは言わないでいただきたいのです。

家庭も子どもも園も、みんなで楽しめるような運動会にしましょう。ご協力をお願いします。

平成30年9月21日

子どもの劇をどう見るか？

来週は生活発表会です。

お面をかぶって自分の役になりきっている子がいたり、お面をかぶったまま砂場であそんでいる子（劇あそびをしているうちに、砂場あそびに興味が移ったのかな）がいたり、発表会に必要な道具を作る子もいたり、その道具をあそびに活用していたり、舞台の上で思い思いに演じていたり、自主練習？をしていたり……。中には発表会とは全く違うあそびをしている子もいます（もちろんこれもＯＫ。発表会の準備はもう十分、ということなのでしょう）。発表会を控えた子ども達の姿は様々です。

幼児期の本当に大切な育ちは、目に見えない部分が多いということを、今まで何度もお話ししてきました。でも、劇というのはどうしても、目に見える部分だけを見てしまいがちです。

台詞が上手に言えたとか、動きがかわいらしいとか。もちろん、できたことをほめるのはとても良いことですが、結果だけをほめるのは、あまり良いこととは思えません。

うまくいかなかったことからも学べることは少なくないはずです。そして、うまくいかなかったことには理由があるはずなので、そこに耳を傾けてほしいのです。

特に今はビデオがあるので、発表会の録画を家でも見られますが、うまくいかなかったことを責

められたりすると、大切な目に見えない部分の育ちが損なわれてしまいます（子どもの立場になったら、どんなに辛いことでしょう）。

子どもの劇を見るとき、大人は子どもの目に見えない育ちを想像する必要があるのです。「うまい、へた」といった見える部分だけで評価するのではなく、発表会に至るまでにどう準備をしてきたのか、そしてこれから劇あそびがどう発展していくのか、など、子ども達の姿を想像してください。そうした中で、子ども達には、目には見えないけれど、どんなことが育っているのだろうかと、考えていただきたいのです。

ポイントは肯定的に見ていくことです。難しいと感じたら、担任の先生に、子ども達の発表会の前と後での変化を聞いてみてください。

平成30年11月29日

子どもの歌

東一の江幼稚園では、月に一度、教職員の「園内研修」を行っています（それとは別に外部研修もあります）。毎月テーマを変えて様々な研修をし、保育に活かしているのですが、6月は幼稚園の音楽的サポートをしてくださっている小野先生にお越しいただき、子ども達の歌について研修をしました。

研修の中で「最近の歌は難しい」ということが話題になりました。これは、私も日頃から感じていたことです。楽譜を見ても、歌詞の内容も、子どものレベルにふさわしいか疑問です。難しいから歌うことに必死になり、喉に負担がかかってしまいます。

私が小さかった頃、幼稚園で一番難しかった歌は、卒園式で歌った「思い出のアルバム」でした。楽譜を見ていただくとわかるのですが、この歌は♯も♭もついていないので、ピアノで弾いても黒鍵を使いません。歌詞も、子どもが「そんなことあったな」と思えるような内容です。

それが、この20年間（私が保育者を始めた頃から）でずいぶん変わりました。新しい歌が次々に競い合うように出てきて、さらに、だんだん高度になって、一部の歌は「大人が感動したいだけなのでは？」と思えるようなものもあります。特に卒園式の歌に顕著です。

「感動ポルノ」という言葉があります。障害者であるステラ・ヤングという人が、「私たち障害者は、あなたたちを感動させるためにいるわけではない」と言い、必要以上に感動を煽るようなことを「感動ポルノ」と表現しました。

これは、障害者だけではなく、子どもに対しても同じです。子どもは大人を感動させるためにいるわけではありません。子どもの姿を見て感動するのは悪いことではありませんが、その感動のために、子どもに無理をさせているのであれば、子どもの成長に良いはずがありません。子どもの歌も同じです。

今回の園内研修を通して「感動ポルノ」について、あらためて意識していく必要性を感じました。そして、子ども達の発達に合った歌選びをしなければならないと感じました。

小野先生からは「童謡や唱歌は、曲が短かったり、内容もわかりやすかったりするので、子どもに合っている」というアドバイスをいただきました。童謡を家族で一緒に歌うのも良いですね。

子どもが聴く歌、踊る歌、歌う歌はそれぞれ違います。たとえば、「パプリカ」で踊りたいという子がいます。これは主体的行為で、本人のペースでできることなので、肯定的に受け止めたいと思います。けれど、これを全員で歌うとなると話が変わってきます。音域も広く、途中で転調もあり、大人にとっても簡単ではありません。歌えない子や歌いたくない子が無理に歌うことになると、音楽を楽しむ中での子どもの育ちはなくなってしまうでしょう。

令和元年6月21日

午前保育は何のために

東一の江幼稚園では、月に2回、水曜日を午前保育とさせていただいています。午前保育の日は、幼稚園の職員達にとって、とても貴重です。

子ども達の降園後、保育者は毎日やることがたくさんあります。掃除、翌日の準備、環境構成、打ち合わせ、相談、記録、研修、家庭への連絡、行事の準備など……。ICT化（パソコンやタブレット端末、インターネットなど情報技術の活用）や合理化を進めてもいますが、合理化できないこともあるので、かなりの時間が必要です。

たとえば、子ども一人ひとりを理解しようとする場合、担任は自分だけで考えているわけではありません。他の保育者などと話をすることで、多面的に理解しようとします。そうなると話をする時間が必要です。午前保育の日の午後は、時間に余裕ができるので、じっくりと話すことができます。また、その時間を活用した研修も可能になります。

さらに午前保育には、保育者の働き方改革のため、という側面もあります。保育の仕事は「終わりのない仕事」とも言われます。ここまでやれば良しという明確な到達点がないことが多いからです。また、「子どものために」と頑張ると、どうしても長時間労働になりがちです。

長時間労働にならないようにテキパキと仕事をすることも大事ですが、それが過ぎると保育が無

味乾燥になってしまうし、長時間労働が過ぎるとバーンアウト（燃え尽き症候群）にもなりかねません。そうなると影響を受けるのは子ども達です。

こうしたことを防ぐために、午前保育の日、余裕ができた午後の時間を、保育者はたまりがちな仕事の処理にも充てているのです。

午前保育はより良い保育のためにあることを、保護者の皆様にもご理解いただけると幸いです。

令和元年11月15日

自分で考えることの大切さ

ラグビーのワールドカップで日本中が盛り上がりました。開催期間中は、子どもたちもラグビーに興味津々で、幼稚園でもラグビーごっこが盛んに行われました。とは言っても、ラグビーはルールが難しいですね。だからラグビーごっこが始まると、困ったこともたくさん起こります。すると、子ども達はその場で「どうするか」解決策を考えます。そして、東一の江幼稚園独自のルールができていきました。

ボールの奪い合いになったらじゃんけん、とか、トライは痛いから、マットを敷いたところでする、などなど……。

困ったことが起きるのは悪いことではありません。困るからこそ、子どもは解決策を自分達で考えます。これが大事です。

子ども達は「考える」という行為のなかで、相手のことを想像したり、状況を読んだり、今までの経験を振り返ったり、他の人の意見を聞いたり、頭脳をフル回転させます。いろいろ思いを巡らすからこそ、貴重な学びの機会になっているのです。夢中になっていることだから、その学びはより深いものになります。

こうして子ども達がようやく「考え出したこと」も、大人から見れば、「大したことではない」と感じられるかもしれません。でも、こうした「大したことではないこと」の積み重ねが、子どもを育ててくれるのです。

困ったことがあったら大人に解決してもらう、というような日々を過ごしていたら、子どもは自分で考えることをやめてしまうかもしれません。

自分達で考えることが大事とは言っても、3歳児にはまだ難しいです。でも、考えようとはしています。4歳児は考えてはいますが、それを友達と共有するのは難しくて、けんかになることも多いです。考えるけれど、失敗したり、見当はずれだったりしている時期、と言ってもいいかもしれません。

そして、このような時期を通ってきたからこそ、5歳児頃になると、考えが深まってきます。そうは言っても5歳児の考えも正解ではないことが多く、「じゃあどうする？」と、さらに考えることも大事です。

子どもが自分で考えることが大切ですが、大人はただ見ているだけでいいわけではありません。一緒に考えたり、整理したり、寄り添ったり、認めたり、必要に応じて援助することも大切です。

ラグビーの話に戻ります。独自のルールを考えて盛り上がっていたのに、ワールドカップが終わった途端に子ども達のあそびはサッカーに変わっていました。予想外の展開も、保育の楽しさの一つです。

令和元年11月8日

手を取り合って

幼児教育は小学校以上の教育のようなテストもなければ、通知表もありません。保護者には結果が見えにくいですね。というより、すぐに結果が出るものではありません。幼児期の教育は見えない教育、見えにくい教育とも言われています。

幼児期は人間の基礎をつくる時期です。人と関わる力、自分でやろうとする意欲やチャレンジする力、好奇心や自己統制力……。このような、目には見えないけれども人間が生きていく上で必要な力を養っていくのが幼稚園教育なのです。

また、子育てには悩みがつきものです。しかも、小さい悩みがたくさんあることと思います。相談するまでもないんだけど……というようなものが多いのではないでしょうか。そんな悩みが少しでも解消するように相談にのったり、保護者の方と手を取り合って子育てしていくのも幼稚園の役割だと思っています。

幼稚園に入園してきたお子さんも、初めてわが子を幼稚園に通わせることになる保護者の方も、緊張しているでしょうし、わからないことも多いと思います。わからないことや不安なことがあったら、どうぞ質問してください。わからなかったことが、少しずつわかるようになっていくといいですね。

子どもはわからないことがあると、自分達で調

べたり、考えたり、実際にやってみたりして、わかった瞬間はとてもいい顔をします。大人も見習いたいですね。
保護者の方への連絡は、できるだけわかりやすくを心がけていますが、説明が足りない場合もあるかと思います。そんなときも是非、遠慮なくお尋ねください。先輩ママ達に聞いてみるのもいいかもしれません。
これから1年間、どうぞよろしくお願いします。

令和2年4月9日・10日

自分のことは自分で

先日、年少組の子が登園してきたので、「一緒に部屋まで行こう」と手をつなごうとしたら、持ち物を私に渡してきました。もしかして、お子さんの持ち物を、保護者が全部持ってあげてはいませんか。

通園カバンに何が入っているか、わかっていない子もいます。「上履きに履き替えようね」と言うと、履き替えさせてと足を出してくる子もいます。

子どもは可愛いです。可愛いから何でもやってあげたくなります。でも、そうしていると、自分の身の回りのことがいつまでもできないで、困るのは子ども自身です。

「自分のことは自分でしよう」を心がけてみましょう。まずは……

○自分のものは自分で持つようにしよう。自分で着替えもしてみよう。

○カバンの中身の出し入れも自分でしよう。

家庭でも、幼稚園ごっことして、お弁当をカバンにしまう→カバンを背負って食卓に行く→お弁当を自分で出す→お弁当を食べる→空になった弁当箱をカバンにしまう

……などをしてみるのも良いでしょう。

○靴も自分で履こう。

自分で履くことをくり返すことで、右と左を間違えないようになっていきます。

ポイントはできたらほめること、なかなかでき

ないのを見ていてイライラしてしまったら、深呼吸しましょう。

最初はできないのが当たり前です。完璧を求めず、スモールステップ（小さな達成感を積み重ねること）で、子どもが意欲を持って取り組めるようにしていきましょう。

令和2年6月19日

田澤里喜

玉川大学教育学部乳幼児発達学科准教授、学校法人田澤学園東一の江幼稚園園長。1996年、玉川大学卒業後、玉川学園幼稚部に担任として4年間勤務後、東一の江幼稚園に移る。また同年大学院に進学し、在学中より短大、専門学校の非常勤講師を経て、2005年より東一の江幼稚園と並行して玉川大学教育学部に勤務。2015年、東一の江幼稚園園長に就任。著書に『あそびの中で子どもは育つ』『幼児教育から小学校教育への接続』（世界文化社）、『保育の変革期を乗り切る園長の仕事術』（中央法規）、『年齢別保育資料シリーズ（3、4、5歳児）』（ひかりのくに・すべて編著）など。

※本書の１章は日本教育新聞の連載「保育の質を高める園づくり」を再編集したものです。

表紙・本文デザイン　嶋岡誠一郎
表紙写真　中島里小梨
本文イラスト　朝倉めぐみ
編集企画　石川由紀子　飯田　俊
DTP 作成　株式会社明昌堂
校正　株式会社円水社

保育の質を向上させる園づくり

発行日　2021 年 6 月 5 日　初版第 1 刷発行

著　者　田澤里喜
発行者　大村　牧
発　行　株式会社世界文化ワンダークリエイト
発行・発売　株式会社世界文化社
〒 102-8192　東京都千代田区九段北 4-2-29
電　話　03-3262-5474（編集部）
03-3262-5115（販売部）
印刷・製本　中央精版印刷株式会社

ISBN978-4-418-21711-3